# STRATÉGIES FOREX TESTÉES
## *Apprenez les stratégies prouvées du Forex Trading*

**WAYNE WALKER**

Copyright 2017 par Wayne Walker, tous droits réservés.

Ce livre a été rédigé dans le but de fournir des informations aussi précises et fiables que possible. Il convient de consulter des professionnels, si nécessaire, avant d'entreprendre l'une des actions préconisées ici.

Cette déclaration est jugée équitable et valide par "The American Bar Association" et "The Committee of Publishers Association" et est juridiquement contraignante sur tout le territoire des États-Unis.

En outre, la transmission, la duplication ou la reproduction de tout travail suivant, y compris des informations précises, sera considérée comme un acte illégal, qu'il soit effectué sous forme électronique ou imprimée. La légalité s'étend à la création d'une copie secondaire ou tertiaire de l'œuvre ou d'une copie enregistrée et n'est autorisée qu'avec le consentement écrit exprès de l'éditeur. Tous les droits supplémentaires sont réservés.

Les informations contenues dans les pages suivantes sont généralement considérées comme un compte rendu véridique et exact des faits, et en tant que tel, toute inattention, utilisation ou mauvaise utilisation des informations en question par le lecteur rendra toute action en résultant uniquement de son ressort. Il n'existe aucun scénario dans lequel l'éditeur ou l'auteur original de ce travail peut être de quelque manière que ce soit considéré comme responsable de toute difficulté ou de tout dommage qui pourrait leur arriver après avoir entrepris les informations décrites ici.

# Contenu

**INTRODUCTION** ............................................................................................ 7

**QU'EST-CE QUE LE FOREX ?** ...................................................................... 9

    Centres et participants ............................................................................. 10

    Banques et institutions financières ........................................................... 11

    Participants supplémentaires ................................................................... 11

    Fins privées .............................................................................................. 13

    Qu'est-ce qui fait fluctuer FX ? ................................................................. 13

    Données ................................................................................................... 13

    Autres événements .................................................................................. 14

    Pourquoi voulez-vous trader les devises ? ............................................... 15

    Liquidité ................................................................................................... 15

    Trading 24h/24 ........................................................................................ 15

    Option longue ou courte .......................................................................... 16

    Corrélation avec d'autres classes d'actifs ................................................. 16

    Termes FX de base .................................................................................. 16

    Le Spread ................................................................................................ 17

    Le jargon des traders .............................................................................. 18

    Le chiffre ................................................................................................. 18

    Arrêter ..................................................................................................... 19

    L'un annule l'autre ................................................................................... 19

    Rempli ..................................................................................................... 19

    Calculs des opérations de change ............................................................ 20

    Sensibilisation aux exigences en matière de marges ............................... 20

    Profit et perte en pips ............................................................................. 20

    Valeur des pips ....................................................................................... 21

    Rollovers ................................................................................................. 21

**INVESTIR EN ACTIONS** ............................................................................. 23

    Dividendes .............................................................................................. 24

    Niveaux d'endettementv ......................................................................... 24

Rapport PE – Rapport prix/bénéfices ................................................................. 25
Trading de directeurs ................................................................................................. 25
Liquidité et volume .................................................................................................... 26
Allumez votre radar pour l'OTCBB ou les feuilles roses : ................................. 27
Performance ................................................................................................................. 27
Performance sur plusieurs périodes de temps ................................................... 27

# COMMANDE TRIPARTITE ............................................................................................ 29
Les composantes d'une commande tripartite ..................................................... 30
Quels sont les avantages de la tripartie ? ............................................................. 30
Minimise l'émotion du trading. ................................................................................ 31
Trading de rapports ................................................................................................... 31
Support et Résistance ............................................................................................... 32
Niveau de support ..................................................................................................... 32
Niveau de résistance ................................................................................................. 32

# TOUT METTRE EN PLACE ............................................................................................ 35
Plateforme de trading ............................................................................................... 36
Objectifs ....................................................................................................................... 36
Préparation mentale .................................................................................................. 37
Connaître votre tolérance au risque ...................................................................... 37
Faites preuve de diligence raisonnable ................................................................. 38
Comment choisir votre niveau d'entrée ................................................................ 39
Connaître vos niveaux de sortie .............................................................................. 39
Tenir un journal .......................................................................................................... 40
Examinez vos résultats ............................................................................................. 40

# TACTIQUES DE TRADING ............................................................................................. 43
Attentes irréalistes ..................................................................................................... 44
Aucun Plan ................................................................................................................... 44
Trop de risques .......................................................................................................... 45
Confondre trading et investissement ..................................................................... 46
Solutions ....................................................................................................................... 46
Faible levier ................................................................................................................. 46
Scaling In Scaling Out ............................................................................................... 47

    Trading des marchés liquides ........................................................................ 48

    Trading d'actualités ...................................................................................... 49

    Sélection des paires de devises .................................................................... 50

    Autres tactiques ........................................................................................... 50

    Placer les commandes stratégiquement .................................................... 51

    Utilisez les principes de Delta ..................................................................... 51

**SÉLECTION D'UN PARTENAIRE DE TRADING .................................................... 53**

    Qu'est-ce qui est important ? ...................................................................... 54

    Une plateforme fiable .................................................................................. 55

    Accès aux informations et aux données du marché ................................... 55

    La meilleure équipe stratégique de sa catégorie ........................................ 55

    Un système graphique fiable ...................................................................... 56

    Comment trouver les bons ? ....................................................................... 57

    Code de trading des nouvelles du Forex .................................................... 57

**GUIDE DU TRADING DE L'ANALYSE TECHNIQUE ............................................. 59**

    Graphique Time Frame ................................................................................ 60

    Cadre temporel et votre position dans le canal d'achat et de vente ........ 61

    Que faire aux niveaux de retournement .................................................... 61

    Signaux d'achat idéaux ................................................................................ 62

    Signaux de vente idéaux .............................................................................. 63

    Conclusion .................................................................................................... 63

    Paramètres des outils d'analyse technique ................................................ 64

    Bandes de Bollinger .................................................................................... 64

    Moyennes mobiles ....................................................................................... 64

**DIPLÔME DE TRADING GCMS ........................................................................... 65**

**PROFIL DE L'AUTEUR ......................................................................................... 67**

## Clause de non-responsabilité

Les conseils et les stratégies contenus dans ce livre sont basés sur mon expérience et mes opinions personnelles en matière de trading, et peuvent ne pas être appropriés à votre situation de trading.

# INTRODUCTION

Au lieu de dépenser des milliers de dollars ou de lire des livres de 300 pages, vous pouvez apprendre les éléments essentiels réalistes du trading en nettement moins longtemps. Il ne s'agit pas d'une méthode "édulcorée" avec des raccourcis. Le guide contient les techniques que les traders professionnels et prospères utilisent. Ces concepts ont été testés et appuyés par des témoignages de clients lors de mes séminaires.

Ma société délivre un diplôme de trading basé sur ces techniques, qui a été adopté par plusieurs universités.

# QU'EST-CE QUE LE FOREX ?

Dans ce chapitre, nous allons examiner le marché des changes, les participants, ce qui fait fluctuer le marché, et pourquoi vous devriez vouloir trader sur ce marché.

Qu'est-ce que le Forex (Foreign Exchange) ou FX comme beaucoup l'appellent ? Le marché des changes est le marché le plus liquide du monde. Le chiffre d'affaires quotidien moyen dépasse les 4 trillions de dollars américains. C'est un chiffre énorme, mais pour le mettre en perspective, une journée de FX représente environ 2 à 3 mois de volume d'échange à la bourse de New York. C'est puissant, cela signifie qu'il y a beaucoup de liquidités et que beaucoup de personnes y sont impliquées.

Ce marché est négocié de gré à gré, c'est-à-dire sans bourse centrale, contrairement aux marchés des actions ou des matières premières, où les acheteurs et les vendeurs se rencontrent sur des bourses centrales. Avec le Forex, il n'y a que vous et votre courtier/concessionnaire.

Il est ouvert 24/5, de Sydney 5 heures du matin le lundi à New York 5 heures du soir le vendredi. C'est beaucoup de temps, ce qui permet de trader en permanence.

**Centres et participants**

Qui sont les personnes impliquées dans ce phénomène FX ?

Nous allons d'abord examiner les centres de change. Les principaux centres de FX sont le Royaume-Uni, les États-Unis et le Japon. Ils sont responsables de la majeure partie des transactions. L'Australie, Singapour et la Suisse sont également des acteurs importants du marché, mais les principaux acteurs restent les États-Unis, le Royaume-Uni et le Japon.

**Banques et institutions financières**

Il s'agit principalement des grandes banques et des institutions financières, elles représentent environ 50% des transactions. Elles échangent entre elles par voie électronique.

Les banques centrales sont également impliquées et leur rôle est d'intervenir pour tenter d'influencer la valeur de leurs monnaies.

Examinons cela de plus près. La plus célèbre des banques centrales, la Réserve fédérale, ainsi que la Banque du Japon, sont parfois connues pour être des participants actifs sur le marché afin d'influencer la force ou la faiblesse de leurs devises. Un trader FX doit être conscient des rôles qu'elles jouent.

**Participants supplémentaires**

Il existe aujourd'hui des fonds spéculatifs de change, il y a quelques années, si vous parliez de fonds spéculatifs de change, la plupart des gens ne savaient pas de quoi vous parliez, car ils n'existaient pas. Il existe des fonds qui tradent soit une devise particulière, soit des devises régionales, et pour ceux qui s'y intéressent, ils sont disponibles.

Les autres participants sont les courtiers, à la fois vocaux et électroniques, qui servent d'intermédiaires entre les banques et les négociants. Les banques et les négociants se tournent vers eux pour les aider à trouver les meilleures affaires, mais les jours des courtiers vocaux sont comptés, car la plupart des activités sont désormais électroniques. Il existe aujourd'hui de nombreuses sociétés qui ont des bureaux sans courtier.

Les entreprises sont également impliquées, en particulier les multinationales qui ont un risque de change à couvrir et aussi pour leur propre spéculation. Plusieurs sociétés internationales disposent de leurs propres bureaux de négociation qu'elles utilisent pour leurs propres transactions.

Un exemple de couverture pourrait être le suivant : une société américaine achète des marchandises au Japon et reçoit une facture qui sera due en yens. Pour se couvrir contre une perte potentielle, lorsque le montant dû pourrait augmenter en USD en raison des fluctuations de la devise, elle ouvre une position sur le marché.

Une note sur la couverture, ce dont nous parlons est d'éliminer le risque de détenir un actif particulier. L'objectif principal n'est pas nécessairement de réaliser un bénéfice. Par exemple, sur le marché à terme, nous pouvons avoir un producteur de blé qui est, comme on dit, en position longue sur le blé. Il craint une chute des prix, il vend donc des contrats à terme sur le blé pour se couvrir en cas de chute. Si les prix baissent, il compensera sa perte à la baisse. Il ne fait pas de bénéfice, mais il élimine le risque lié à la détention du blé.

## Fins privées

Pour la plupart d'entre nous, les voyages internationaux sont une activité courante. Par conséquent, la plupart des personnes qui voyagent auront besoin de la devise de leur destination.

Nos achats à l'étranger sont également un facteur. Si vous êtes assis à New York et que vous cherchez à acheter une paire de chaussures à Londres sur Internet, normalement, ils n'accepteront pas les USD, vous devrez donc convertir en livres sterling.

Il y a aussi la spéculation, qui a été l'un des principaux moteurs de la transformation du marché des changes en un marché très chaud ces dernières années, où les gens achètent et vendent à des fins purement spéculatives.

## Qu'est-ce qui fait fluctuer FX ?

Que se passe-t-il sur le marché ? Pourquoi fluctue-t-il ? Plusieurs choses, il peut s'agir de rumeurs, d'une intervention gouvernementale, par exemple si la Banque du Japon entre sur le marché pour tenter de soutenir le yen afin d'éviter une chute, certains traders pourraient y voir un signal pour commencer à être long (acheter) en yens et court (vendre) les autres croisements contre lui.

## Données

La masse salariale non agricole est l'un des principaux rapports. De même, chaque fois qu'une décision sur les taux d'intérêt est prise par la Fed, la Banque d'Angleterre, la BCE ou la Banque du Japon, etc.

Les guerres, les actes terroristes, qu'il s'agisse d'événements au Moyen-Orient ou d'autres points chauds dans le monde, peuvent affecter le marché et, dans certains cas, de manière assez radicale.

Les banques centrales, comme nous l'avons évoqué avec leur intervention, font parfois ce que nous appelons "faire baisser" une monnaie. Par exemple, les gouverneurs des banques, sans entrer sur le marché par une intervention directe, peuvent l'influencer. Il peut s'agir d'un gouverneur de banque centrale qui fait une remarque lors d'une conférence de presse en disant "Je pense que la monnaie est surévaluée et que nous devrions peut-être faire quelque chose à ce sujet" ou, dans certains cas, il peut dire "la force de la monnaie nous préoccupe et elle affecte notre compétitivité". Selon la personne qui le dit, les résultats peuvent être dramatiques, et dans certains cas, cela est dû à une incompréhension totale de ce que la personne essayait de dire.

**Autres événements**

Les événements politiques et les élections peuvent également être des facteurs d'influence importants. L'élection d'une personne qui a une opinion favorable à l'égard de sa monnaie peut être le signe que la monnaie va s'apprécier.

Les niveaux techniques sont également importants pour certaines devises, en particulier pour les chiffres ronds sur lesquels les traders aiment se concentrer. Un exemple pourrait être une paire de devises qui s'échange à 1,3995 et qui n'a jamais dépassé 1,4000, puis elle commence à se rapprocher de 1,4000. Ce niveau de 1,4000 pourrait être considéré comme un niveau psychologique qui sera surveillé de très près, et s'il est cassé, vous pourriez voir ce qu'on appelle un breakout à la hausse.

En utilisant notre exemple, si la paire de devises s'échange à 1,3995 et qu'elle dépasse 1,4000, vous pourriez voir qu'elle grimpe jusqu'à 1,4095 puis redescend à 1,3995. Nous dirions alors qu'il s'agit d'une fausse rupture, mais il y a une chance qu'elle soit réelle et reste au niveau de 1,4095.

**Pourquoi voulez-vous trader les devises ?**

Vous vous dites peut-être que tout cela est une excellente information, mais pourquoi devrais-je vouloir trader les devises ? Il y a de nombreuses raisons.

**Liquidité**

La première est la liquidité, elle est inégalée, il n'y a rien d'autre qui s'en approche, comme nous l'avons mentionné au début, une seule journée de FX représente deux à trois mois de volume à la bourse de New York. C'est puissant.

**Trading 24h/24**

Vous avez la possibilité de trader 24h/24, vous pouvez trader nuit et jour. Il n'y a rien d'autre qui offre ce type de flexibilité, et pour la majorité des traders qui sont des chefs d'entreprise ou qui ont un emploi à temps plein, voire même des étudiants universitaires, c'est formidable.

## Option longue ou courte

FX offre l'option longue ou courte, ce qui est très important. Traditionnellement, la plupart des gens ont l'habitude d'être long, d'acheter une action particulière et d'espérer qu'elle prenne de la valeur. FX vous donne la possibilité d'être short, c'est une façon différente de voir le marché, mais cela peut être lucratif. Pour les traders avisés, c'est un outil à utiliser pour tirer profit du marché.

## Corrélation avec d'autres classes d'actifs

Faible corrélation avec les autres classes d'actifs, ce qui est important pour ceux qui essaient d'avoir un portefeuille diversifié. En cas d'agitation sur le marché, qu'il s'agisse des matières premières ou des actions, le Forex se distingue. Les actions peuvent plonger ou les prix des matières premières exploser, mais le Forex reste le Forex, il est mû par d'autres forces. Le Forex n'est pas ce que vous voulez avoir comme 80% de votre portefeuille, mais avoir une certaine exposition au Forex est une chose prudente.

## Termes FX de base

Je ne ferai peut-être pas de vous un super trader du jour au lendemain, mais le fait de comprendre ces termes vous permettra de communiquer plus facilement dans la communauté FX et de parler avec vos partenaires commerciaux.

Votre devise de base est votre exposition au marché, et la devise variable est utilisée pour calculer vos pertes et profits (P/ L). Si l'on prend l'exemple de la paire EURUSD, l'euro est votre devise de base.

Votre exposition et le calcul de votre marge seront effectués en euros. Les pertes et profits seront calculés en USD.

En fonction de la devise de base de votre compte, votre P/L sera à nouveau calculé, donc pour cet exemple (EURUSD) et si vous avez la livre sterling (GBP) comme devise de base, alors les profits et les pertes en dollars américains seront convertis dans votre devise de base (GBP).

Les termes de base continuent, nous avons l'EURUSD à 1,5800, ce qui signifie qu'un euro est équivalent à 1,58 dollar, ou que l'euro est plus fort que le dollar américain.

**Le Spread**

Il s'agit d'un terme qui est souvent utilisé par les traders. Le Spread est la différence entre le cours acheteur et le cours vendeur. Si, à l'offre, le prix de vente est de 1,5800 et le prix d'achat est de 1,5802, nous avons une différence de 2 pips. Nous dirons que le Spread est de 2 pips.

**Long, court et carré**

**Long**

Vous achetez,

**Court**

Vous vendez.

## Exemples

Si vous êtes long EURUSD ou long Euro Dollar comme nous dirions, alors vous êtes long Euro et vous avez vendu ou court USD. Si vous êtes court Euro Dollar, vous êtes court en Euros et long en Dollars.

## Carré

Vous êtes fermé. En termes clairs, pour compenser une position longue de 500 000 EURUSD, vous devez vendre 500 000 EURUSD à découvert pour supprimer votre exposition au marché.

## Le jargon des traders

C'est un petit supplément que j'ai inclus pour ceux d'entre vous qui traderont régulièrement sur le marché des changes.

Tout d'abord, le **Cable (GBPUSD)**, un terme que vous entendrez à plusieurs reprises, est la livre sterling contre le dollar américain.

Swissie est le franc suisse (CHF)

Aussie est le dollar australien (AUD)

Kiwi est le dollar néo-zélandais (NZD)

Le Loonie est le dollar canadien (CAD)

## Le chiffre

C'est 00 à la fin d'un nombre, donc parfois, lorsque vous négociez, vous pouvez parler à un courtier et il peut dire que l'euro-dollar est à "1,33 le chiffre", ce qui signifie 1,3300.

### Arrêter

Toutes vos positions ont été fermées et c'est quelque chose que vous ne voulez normalement pas entendre.

### L'un annule l'autre

L'un annule l'autre, c'est normalement lorsque vous avez un ordre limite et un ordre stop connectés, si l'un est exécuté l'autre est annulé.

### Rempli

Vous avez maintenant la position. Par exemple, vous avez un ordre à 3 voies qui a le niveau de prix de l'endroit où vous voulez entrer sur le marché, une fois que ce niveau est atteint, vous êtes maintenant rempli.

Un **quart**, c'est 250 000

Une **moitié**, c'est 500 000

**Un**, c'est un million

Comme indiqué, la connaissance de ces termes vous permettra de parler plus facilement avec vos courtiers ou vos homologues. Pour ceux qui envisagent de se lancer dans la spéculation pour gagner leur vie, vous devez absolument connaître ces termes.

## Calculs des opérations de change

De nombreuses personnes effectuent des opérations de change, mais la plupart ne comprennent pas ce qui se cache derrière. Avant de se lancer dans le trading de devises, il est important de connaître les composantes de la marge, le calcul du P/L et le principe du rollover. Passons en revue ces domaines.

## Sensibilisation aux exigences en matière de marges

Dans la plupart des établissements de change, les traders négocient sur marge et ne font pas de transactions de change physiques. Le FX physique est celui où 1 dollar équivaut à 1 dollar en valeur. Avec le trading sur marge, vous pouvez ouvrir une position de 1 million d'EURUSD, avec une exigence de marge de 1%, soit 10 000 euros. Autre exemple, un solde de compte de 10 000 euros avec une position de 100 000 euros nécessiterait 1 000 euros pour maintenir la position ouverte.

## Profit et perte en pips

Les pips sont la plus petite variation de prix qu'un taux de change peut effectuer. Nous prenons l'exemple de l'EURUSD, 1,5280 à 1,5281 est un mouvement d'un pip. Nous avons USDCAD 0.9955 qui passe à 0.9956, également un mouvement d'un pip.

Prenons un exemple de profit et de perte en pips : Achetez 100 000 EURUSD à 1,5100 et prenez vos bénéfices à 1,5160, 60 pips. Vous avez un arrêt de perte à 1,5070, 30 pips, à partir de votre position d'entrée.

En termes de pip, nous avons ici ce que l'on appelle un rapport de 2 à 1, lorsque vous êtes long EURUSD à 1,5100, prenez vos bénéfices à 1,5160 et un arrêt de perte à 1,5070.

## Valeur des pips

Il existe plusieurs façons de calculer la valeur du pip. Comme il s'agit d'un guide basé sur la réalité, nous utiliserons la méthode simple. Prenons l'exemple de la paire EURUSD, qui est cotée avec 4 décimales, par exemple 1,5100, et une valeur nominale (le montant négocié) de 100 000.

Tout d'abord, comptez le nombre de décimales dont vous disposez et dans cet exemple, il est de 4. En partant de la droite, retirez 4 chiffres de la valeur nominale (100 000) et vous obtiendrez la valeur de chaque pip. En retirant 4 zéros, on obtient que chaque pip vaut 10 dollars. Rappelez-vous, comme nous l'avons vu précédemment, que la contre-monnaie USD est utilisée pour calculer vos pertes et profits.

Pour aller plus loin, un profit de 60 points (60 x 10 USD) vous donne 600 USD, ou si vous avez eu une perte de 30 points (30 x 10), 300 USD. Lorsque vous utilisez le trading de rapport dans votre stratégie, il faut que votre chance de faire un profit soit plus grande que la chance de subir une perte.

## Rollovers

C'est un sujet qui a donné des maux de tête aux traders de devises pendant de nombreuses années, mais ce n'est pas un concept compliqué. Beaucoup de personnes ignorent le rollover lors de leur formation, mais nous allons l'aborder ici.

Si vous êtes long EURUSD, vous êtes long Euro et short USD. Vous détenez des euros et vous gagnez des intérêts sur ces derniers. Vous empruntez ou vendez également des USD, et vous payez donc des intérêts sur ce que vous empruntez. La différence d'intérêt est soit positive soit négative, ce qui correspond à votre swap.

À l'inverse, si vous vendez des EURUSD, vous êtes à court d'euros et à long d'USD. Dans ce cas, vous empruntez les euros et vous détenez maintenant des dollars américains. La différence d'intérêt est soit positive soit négative, ce qui correspond au swap.

# INVESTIR EN ACTIONS

Nous allons examiner la façon dont le marché des actions est géré et passer en revue les éléments qui, selon moi, sont importants lorsqu'on investit dans les actions.

## Dividendes

Les dividendes sont un excellent point de départ. Un dividende est un revenu pour un actionnaire en plus de l'augmentation de la valeur de l'action.

Les sociétés qui offrent des dividendes sont généralement des valeurs sûres. Lorsque vous examinez les éléments que l'on recherche dans l'investissement en actions, c'est l'un d'entre eux, n'oubliez pas qu'il s'agit d'investissement en actions et non de commerce.

Les sociétés qui offrent des dividendes sont généralement bien gérées ; si ce n'était pas le cas, il ne resterait rien pour payer des dividendes. Cela en fait une bonne alternative aux obligations pour l'investisseur à faible risque.

## Niveaux d'endettementv

L'endettement est un autre des facteurs à prendre en considération lorsque vous décidez d'investir dans une entreprise. Vous devez rechercher ce que l'on appelle un faible ratio actif circulant/passif circulant. Normalement, un ratio de l'ordre de 1 à 3 est acceptable.

Dans certains cas, cependant, un excès de liquidités peut être négatif. Cela peut être le signe de plusieurs choses : l'entreprise n'investit pas assez dans l'avenir, rien n'est prévu pour le développement. Un excès de liquidités peut également signifier que l'entreprise ne cherche pas à faire des achats stratégiques. Beaucoup disent que c'est un signe de manque d'anticipation de la part des dirigeants de l'entreprise.

N'oubliez pas que le ratio est relatif au secteur que vous étudiez. Par exemple, les entreprises du secteur technologique ont des ratios d'endettement plusieurs fois supérieurs.

### Rapport PE – Rapport prix/bénéfices

Il s'agit de la valeur d'une entreprise sur une bourse par rapport aux revenus tirés de ses produits et services.

Il s'agit de la méthode la plus utilisée pour évaluer les actions afin de déterminer si leur prix est correct. Vous entendrez ce terme à plusieurs reprises, il est donc important que vous compreniez ce concept. Pour prendre un exemple simple, si les actions d'une entreprise sont évaluées à 50 millions et que les bénéfices sont de 5 millions, le rapport P/E est de 10. Comme nous l'avons vu pour l'actif et le passif, le rapport est relatif au secteur que vous étudiez.

### Trading de directeurs

Les administrateurs sont tenus de divulguer les transactions qu'ils effectuent sur les actions de leur société. Ils sont généralement les mieux informés au sein de l'entreprise et cela peut donc être un indice d'événements futurs, mais gardez l'esprit ouvert.

Certaines personnes diront que les administrateurs vendent parce qu'il se passe quelque chose de négatif dans la société, ou qu'ils achètent parce qu'ils sont au courant de quelque chose de positif. Il s'agit d'un indicateur, mais pas d'un indicateur à 100 %, il peut s'agir d'une raison aussi banale que le besoin d'argent. Il se peut qu'ils veuillent investir dans d'autres choses ou qu'ils soient trop exposés à l'action de cette société particulière et qu'ils aient besoin de la réduire. Cela peut également être dû à un divorce, ce n'est donc pas toujours un signe clair que quelque chose de dramatique est en train de se produire…

**Liquidité et volume**

La liquidité, comme nous l'avons évoqué dans la section sur les devises, est tout aussi importante pour les placements en actions. Je dirais même qu'elle est encore plus importante dans le cas des actions car, dans le cas des devises, vous avez la possibilité d'entrer ou de sortir du trading 24h/24. Avec les actions physiques, la plupart du temps, les bourses sont ouvertes entre 9 heures et 17 heures, selon le pays.

La liquidité et le volume sont importants car ils vous permettent de collecter vos bénéfices facilement. C'est bien beau de regarder les bénéfices sur papier, mais si vous ne pouvez pas les collecter, cela ne vous sert pas à grand-chose. Si vous êtes confronté à une perte, vous pouvez passer d'un scénario triste à un scénario cauchemardesque en regardant une perte croissante et en étant incapable d'en sortir, c'est pourquoi avoir de la liquidité est crucial.

**Allumez votre radar pour l'OTCBB ou les feuilles roses :**

Il s'agit d'actions à faible liquidité qui se tradent sur des bourses mineures, il faut s'en méfier. Ces actions ne sont normalement pas soumises aux mêmes exigences d'audit que les actions échangées sur les principales places boursières et, combinées à une faible liquidité, elles constituent une recette pour des nuits blanches.

**Performance**

Quelle est la performance de votre action préférée par rapport à ses pairs ? Vous voulez au moins qu'elle soit égale, à moins qu'il n'y ait une raison particulière pour la sous-performance.

**Performance sur plusieurs périodes de temps**

Si vous êtes un investisseur à long terme, courir après le gagnant d'une semaine n'est généralement pas une bonne stratégie d'investissement. Choisissez donc des actions dont la performance reflète étroitement l'horizon temporel de votre stratégie d'investissement.

# COMMANDE TRIPARTITE

## Les composantes d'une commande tripartite

Une fois les conditions d'entrée remplies, votre ordre initial sera votre ordre d'entrée, parfois appelé ordre primaire, c'est l'ordre utilisé pour entrer dans la transaction.

Vient ensuite l'ordre à cours limité, l'ordre de prise de bénéfices ou, comme je l'ai dit, l'ordre " amusant ", qui vous permet de retirer vos bénéfices du marché.

Enfin, nous avons l'ordre de clôture qui est utilisé pour limiter vos pertes. Selon la règle d'or des traders "pas d'argent, pas de trading", un ordre de clôture est très important.

## Quels sont les avantages de la tripartie ?

### Trading à distance

Les ordres tripartites vous permettent de faire du trading à distance. C'est un avantage considérable pour beaucoup de gens, car la plupart d'entre nous travaillent ou gèrent une entreprise et n'ont pas le temps de s'asseoir et de suivre les trades minute par minute. Avec les ordres à 3 voies, vous pouvez être actif sur les marchés sans être lié à votre bureau ou aux bulletins d'information à chaque seconde de la journée.

### Discipline

Cela permet de discipliner votre trading, car les paramètres sont définis avant que vous n'entriez dans la transaction. Ce point est tellement important que nous allons y revenir. Une chose est notée comme étant la différence clé entre ceux qui font des profits en trading et ceux qui perdent, c'est d'avoir les paramètres définis avant le trading.

Les traders institutionnels, ceux dont le métier est le trading, utilisent des variations de ces ordres à 3 voies. Ils décident avant d'entrer dans le trading où ils prendront leurs bénéfices et où ils réduiront leurs pertes pour préserver leurs liquidités.

**Minimise l'émotion du trading.**

Lorsque les paramètres sont prédéfinis, cela ne vous laisse aucune marge de manœuvre pour intervenir et commencer à tout réorganiser au milieu du trading. Ce point est crucial.

**Trading de rapports**

Le trading de rapport est votre rapport risque/récompense et il se compose de votre niveau d'entrée, d'un arrêt des pertes et d'un objectif de prise de bénéfices. Le trading de rapport fait également référence à un rapport gain/perte de 2 à 1, 3 à 1, etc.

Commençons par un trading hypothétique. Vous avez un prix d'entrée à l'achat de l'EURODOLLAR à 1.5550, vous avez un arrêt des pertes à 1.5525, soit 25 pips en dessous, puis vous avez un objectif de profit à 1.5600, soit 50 pips. Cette combinaison vous donne un rapport de 2 à 1.

Si l'on considère un ordre à 3 voies avec un rapport de 3 pour 1, vous achetez l'EURUSD à 1,5550, arrêt des pertes à 1,5525, 25 pips, et ici nous avons un objectif de profit plus important à 1,5625. Le rapport risque/récompense est de 3 pour 1.

## Support et Résistance

Avec les niveaux de support et de résistance, nous abordons les bases de l'analyse technique. Il ne s'agit pas d'un chapitre sur l'analyse technique, mais plutôt d'une analyse technique pratique de ce que vous devez savoir pour placer des trades et espérer réaliser des bénéfices.

## Niveau de support

Le niveau de support est le prix auquel l'instrument tradé a historiquement eu du mal à descendre en dessous. Certains l'appellent le plancher. Ce qu'il faut retenir du niveau de soutien, c'est qu'il change en même temps que votre cadre temporel. Le niveau de soutien que vous voyez pour un graphique horaire sera différent de celui qui affiche un jour ou une semaine. Par conséquent, utilisez un niveau de soutien et de résistance qui correspond à votre cadre temporel de trading.

## Niveau de résistance

Le niveau de résistance est le niveau de prix auquel la devise ou l'instrument que vous tradez a historiquement eu du mal à se négocier au-dessus.

Le cadre temporel du graphique doit correspondre à votre horizon de trading. Une résistance d'une heure est totalement différente d'une résistance d'une semaine ou d'un mois. Comme pour le niveau de soutien, les paramètres doivent correspondre.

Pour ceux qui souhaitent approfondir l'analyse technique, je dispose d'autres ressources vers lesquelles je peux vous diriger.

# TOUT METTRE EN PLACE

Dans cette section, nous allons mettre en relation les différents aspects d'un système de trading que les traders doivent avoir.

**Plateforme de trading**

Tout d'abord, le choix de votre plateforme de trading est évidemment important, car la plateforme est le véhicule que vous utilisez pour effectuer vos trading. La majorité d'entre nous font du trading en ligne et il est essentiel que vous utilisiez une plateforme qui corresponde à votre style. Il peut s'agir d'une plateforme de haute technologie ou d'une plateforme plus basique. Vous devez également connaître le fournisseur de la plateforme. Dans une section ultérieure, nous examinerons plus en détail le processus de sélection d'un partenaire de trading.

**Objectifs**

Sans objectifs, il est vraiment difficile de commencer à trader. L'analogie que j'ai entendue et que j'aime utiliser en ce qui concerne les objectifs est que sans objectif, c'est comme si vous vous rendiez au guichet d'une compagnie aérienne et disiez "donnez-moi un billet". Et bien sûr, on vous demanderait "un billet pour où ?".

Les objectifs à court terme peuvent être des objectifs de profits quotidiens ou hebdomadaires, ils sont individualisés. Les objectifs doivent correspondre à votre style et au montant du capital-risque disponible pour le trading.

Les objectifs à long terme sont souvent liés à votre stratégie d'investissement. Ils sont également liés à vos objectifs à court terme car les objectifs à long terme doivent être basés sur les objectifs de profit à court terme. Il doit y avoir une correspondance, car si vous avez un objectif hebdomadaire de 100 dollars et un objectif mensuel de 1 000 dollars, il y a une divergence qui doit être traitée.

Enfin, vous devez avoir un plan de trading, car sans plan, vous vous exposez à des pertes potentiellement énormes. Sans plan, il est inutile de se lancer dans le trading.

## Préparation mentale

Vous devez être psychologiquement prêt à trader. Si vous êtes sur le point de trader et que vous êtes tendu ou nerveux, vous devez prendre du repos. Allez méditer, faites de l'exercice, faites autre chose, mais il est important que vous ne tradiez pas tant que vous n'êtes pas prêt psychologiquement.

Dans le trading, vous devez avoir l'état d'esprit de ne pas prendre les choses personnellement. Éliminez les émotions du trading, ce n'est pas une activité où c'est vous contre le monde. L'objectif est de gagner de l'argent.

## Connaître votre tolérance au risque

Combien êtes-vous prêt à risquer sur chaque trading ? Il est important de se souvenir de la règle d'or numéro un : "pas d'argent, pas de trading". Peu importe ce que l'on vous dit, s'il n'y a pas de liquidités, il n'y a pas de trading et cela doit être pris au sérieux.

Ceci est lié à votre tolérance au risque. Par exemple, si vous avez un solde de 10 000 USD et que vous voulez risquer 1%, le montant est de 100 dollars. Cela signifie que sur votre capital à risque, indépendamment de ce que vous tradez, lorsque vous fixez votre arrêt des pertes, il ne doit pas dépasser 100 USD.

### Faites preuve de diligence raisonnable

Une nouvelle journée a commencé et votre ordinateur est allumé, que s'est-il passé cette nuit ? Que s'est-il passé sur le Nikkei ? En tant que trader, vous devez être au courant de la corrélation entre les marchés.

Par exemple, si vous tradez les marchés asiatiques et que vous vivez en Europe ou dans les Caraïbes, vous devez être au courant des nouvelles qui sont sorties pendant la nuit et surtout de la façon dont les marchés ont réagi. Parfois, ce qui en théorie devrait être une bonne nouvelle suscite une réaction négative des marchés.

Autre exemple, les traders ont remarqué que si le Nikkei ouvre en baisse, les marchés européens et américains ouvrent souvent aussi en baisse.

Qu'est-ce qui va sortir aujourd'hui ? S'il s'agit d'un rapport susceptible de faire bouger les marchés, comme les emplois non agricoles, l'indice des prix à la consommation, etc., vous devez alors revoir vos positions, en particulier si vous tradez des devises, qui sont très sensibles.

## Comment choisir votre niveau d'entrée

Connaître vos points d'entrée signifie que vous avez une bonne raison pour chaque trade que vous exécutez. Si vous n'avez pas de bonne raison, je vous suggère de prendre les fonds et de les remettre à une œuvre de charité. Vous devez avoir une raison pour sélectionner chaque trade.

Lorsque vous choisissez votre niveau d'entrée, vous avez besoin d'un bon rapport risque-récompense, qui doit correspondre à votre tolérance au risque.

L'analyse technique/fondamentale est également prise en considération. Les niveaux de soutien et de résistance, les bénéfices des entreprises, les rapports gouvernementaux, sont tous essentiels avant d'exécuter un trading.

Si vous tradez des devises, vous devez savoir où se trouvent les lignes de soutien et de résistance pour la période que vous tradez.

## Connaître vos niveaux de sortie

Quel est votre objectif de profit, est-ce une centaine ou quelques dollars ? Vous devez en être conscient.

Lorsque vous fixez des arrêts pour contrôler les pertes, la première chose à faire est de s'assurer qu'ils entrent dans vos paramètres. Si vous faites du trading de rapport, lorsque vous fixez le rapport, il doit être à un niveau où vous avez un plus grand potentiel de profit que de perte.

Tout comme pour votre niveau d'entrée, vous devez connaître l'analyse fondamentale, les niveaux de soutien et de résistance, ainsi que la règle d'or d'un autre trader "coupez vos pertes et laissez courir les profits". De nombreux traders disent que les profits se font tous seuls, mais que vous devez garder un œil sur les pertes.

**Tenir un journal**

Ce n'est peut-être pas pour tout le monde mais c'est quelque chose que j'utilise pour enregistrer mon trading. Il comprend plusieurs éléments : le point d'entrée de la transaction, le niveau de sortie et la raison pour laquelle j'ai pensé que la transaction était une bonne idée au moment où je l'ai entrée.

En examinant votre journal, vous commencerez à détecter les tendances. Vous pouvez soit supprimer un modèle qui ne fonctionne pas, soit développer un modèle qui fonctionne. Cela vous permet d'affiner vos trades.

**Examinez vos résultats**

Passez en revue vos pertes et profits de la journée. C'est important car, même si le trading peut être amusant, il s'agit d'une activité commerciale et l'objectif est de réaliser des bénéfices. Lorsque vous examinez votre P/L et qu'il ne correspond pas à ce que vous aviez prévu, votre devoir est de découvrir pourquoi.

Vous devez savoir ce qui se cache derrière vos résultats. Peut-être était-ce de la pure chance, et si c'était le cas, tant mieux, mais la chance n'est normalement pas une stratégie durable pour le trading. Je vous suggère, comme je le fais dans mon trading, d'examiner votre journal. Les trades ont-ils été correctement synchronisés avec un rapport qui a été publié ? Ou était-ce la taille des positions ? Ces facteurs peuvent influencer les résultats.

Étape suivante, êtes-vous au courant des communiqués de presse de demain ? En parcourant les rapports, vous pouvez être proactif quant aux futurs trades. En fonction des données qui seront publiées, vous pourriez vouloir entrer tôt sur le marché.

# TACTIQUES DE TRADING

Nous examinerons ici les principales raisons pour lesquelles les traders perdent de l'argent et, surtout, nous explorerons les solutions.

**Attentes irréalistes**

Il est important, lorsqu'on se lance dans le trading, comme pour beaucoup de choses, d'avoir une idée réaliste de ce à quoi on a affaire. Des attentes irréalistes peuvent prendre la forme de quelqu'un qui commence avec ce qu'on appelle parfois un compte de mini-trader de 1 000 ou peut-être 2 000 USD et qui s'attend à devenir riche du jour au lendemain.

J'ai même vu des cas où l'on peut commencer avec 100 ou 200 dollars, ce qui est très bien. Il n'y a rien de mal à ce montant, mais ces mêmes traders à 100 ou 200 dollars s'attendent à avoir 1 000 ou 2 000 dollars sur leur compte en quelques semaines ou même en quelques jours. Il existe des entreprises qui ont mentionné ou même promis aux traders qu'ils pouvaient le faire. Je ne dis pas que c'est impossible, mais je dis que c'est irréaliste. Il est essentiel que vous ayez un sens de la réalité dans votre trading.

**Aucun Plan**

L'absence de plan, comme nous l'avons évoqué, reviendrait à se présenter au comptoir d'une compagnie aérienne en disant "donnez-moi un billet", ce qui n'a pas beaucoup de sens. Avec la planification, votre trading doit être aligné sur le calendrier et les résultats que vous attendez.

Si vous aimez le marché des changes, c'est une bonne idée de vous en tenir au marché des changes et de construire une base à partir de là pour ensuite explorer d'autres instruments. Vous pouvez même commencer à trader des contrats à terme sur devises, car une fois que vous avez une bonne compréhension du marché des changes, vous pouvez commencer à vous intéresser à ses dérivés, par exemple les marchés à terme.

Si vous êtes familier avec le trading d'actions, vous pouvez explorer les CFD (Contracts For Difference) qui sont des dérivés d'actions. Ils sont négociés par des traders actifs. Encore une fois, il s'agit de travailler avec le plan que vous devez avoir pour commencer.

**Trop de risques**

Il peut s'agir d'une personne ayant 100 dollars sur son compte ou même 100 000. Ce n'est pas le montant qui est critique, mais le montant que vous risquez par rapport aux fonds disponibles.

Un exemple simple, si vous avez 10 000 USD sur votre compte et que vous tradez une position EURUSD de 100 000, chaque point représente 10 dollars. Ce n'est pas beaucoup, ce qui est bien en fonction de votre profil de risque. Si vous passez ensuite au trading d'une position de 1 000 000, chaque pip vaut désormais 100 dollars. Si vous avez 10 000 USD sur votre compte et que vous êtes en position longue, un mouvement de 10 pip à la baisse vous laisse automatiquement avec une perte de 1 000 dollars.

## Confondre trading et investissement

Au cours de mes années de travail en tant que banquier, j'ai eu d'innombrables clients à qui j'ai dû répéter sans cesse qu'ils ne devaient pas confondre les deux. Le trading consiste à gagner de l'argent, c'est une activité génératrice de revenus. Vous entrez et sortez des trades, contrairement à l'investissement qui est à plus long terme. Il se peut que certains de vos objectifs d'investissement découlent de votre trading, mais ne les confondez pas.

Les instruments que vous négociez, par exemple les devises, sont actifs. Vous n'investissez pas, vous tradez et, si possible, vous gagnez un revenu. Un autre exemple pourrait être les CFD.

Cela peut sembler élémentaire pour certains, mais, en raison de l'expérience acquise en conseillant des clients dans le monde entier, nombreux sont ceux qui confondent trading et investissement.

## Solutions

Il est normal de parler des problèmes et des défis, mais il est évident que nous devons trouver des solutions.

## Faible levier

Nous avons discuté des problèmes liés aux risques trop élevés, la solution est d'utiliser un faible levier. Vous envisagez d'ouvrir une position de 100 000 dollars sur l'EURUSD où chaque pip vaut 10 dollars, si vous n'êtes pas sûr à 100% de ce trading, vous pouvez commencer avec 50 000. Vous gardez un levier faible parce que cela vous donne le temps de réfléchir, de réagir plus efficacement, et vous n'êtes pas aussi sensible aux changements du marché.

**Scaling In Scaling Out**

Le scaling in scaling out est l'un de mes préférés. Je l'utilise pour mes investissements et aussi pour mon trading. La théorie du Scaling in Scaling out consiste à laisser le marché vous indiquer la voie à suivre, c'est aussi simple que cela.

Par exemple, j'envisage d'acheter 1 000 actions de GCMS après avoir effectué mon analyse technique et fondamentale. Comment commencer ? Je commencerais par une position de 200 ou 250 actions et laisserais le marché confirmer si je suis sur la bonne voie. Si j'ai acheté des actions GCMS à 100 dollars et qu'elles passent soudainement à 125 par action, tant mieux, le marché confirme que j'ai pris la bonne décision. Dans cet exemple, si je commençais avec 200 actions, j'en ajouterais 200 ou 250 et je répéterais le processus jusqu'à ce que j'atteigne mon objectif de 1 000 actions.

Certains pourraient dire que j'ai un peu manqué le passage de 100 à 125 et c'est vrai, mais je suis aussi plus sûr de ma décision en étant patient. À l'inverse, pour en revenir à l'échelonnement, disons que si le marché avait évolué en ma défaveur, au lieu d'avoir 1 000 actions à risque au départ, je n'en aurais eu que 200. Il est évident qu'il y a un compromis à faire, mais d'après l'expérience, il est à l'avantage de ceux qui font du scaling in scaling out.

Autre exemple, disons que vous avez acheté 200 actions à 100 dollars chacune et que le prix chute soudainement à 90. Je vous suggère, au lieu de tout vendre immédiatement, d'envisager de ne vendre que 50 ou 75 actions, car la baisse pourrait être due à une réaction excessive du marché. Plusieurs facteurs peuvent être en jeu, par exemple une fausse rumeur, mais là encore, vous laissez le marché vous guider sur la bonne voie. Bien sûr, si le prix continue à baisser, vous vendez davantage. Une autre façon de voir les choses, en utilisant l'analogie de la conduite sur l'autoroute, si vous avez une longue ligne droite, vous accélérez et si vous avez beaucoup de virages, vous ralentissez, cela semble fonctionner.

**Trading des marchés liquides**

Je ne saurais trop insister sur l'importance du trading sur des marchés liquides. Sur le marché des actions, il y a des gens qui négocient des actions sur le Over the Counter Bulletin Board (OTCBB) ou d'autres actions faiblement négociées, et sur le marché des changes, il s'agit de devises exotiques (souvent peu liquides), ce qui est très bien, tant que vous êtes conscient du risque. La liquidité est essentielle, surtout pour un trader. Un investisseur n'est pas aussi sensible au temps, mais si vous faites du trading et que vous devez faire des mouvements soudains, vous voulez être sur un marché liquide.

La liquidité, pour être très clair, est la capacité d'entrer et de sortir du trading avec facilité. Être dans un trading et avoir des bénéfices sur papier est merveilleux, mais quand il est temps de convertir les bénéfices sur papier et si vous n'êtes pas en mesure de le faire, alors c'est une mauvaise blague car vous ne pouvez que les regarder, pas très agréable. D'un autre côté, si vous êtes en perte et que vous ne pouvez pas sortir de cette position, cela devient un cauchemar. Peu importe qui donne des conseils, ou quel blog vous lisez, vous devez trader sur des marchés liquides, il n'y a pas d'autre moyen.

**Trading d'actualités**

Ceci s'adresse aux traders d'informations et si vous envisagez de trader sur les chiffres (lorsque les données du marché sont publiées), détrompez-vous.

Il existe différents systèmes que ces traders utilisent pour trader sur les chiffres dans le but d'être plus malins que les banques, mais tout ce que je peux dire, c'est que c'est une tactique que je ne vous conseille pas. Tout d'abord, les banques ne sont pas stupides, elles savent qui sont leurs clients et elles ont mis en place des départements pour surveiller ce type d'activité afin de s'assurer qu'elles ne sont pas trompées.

Si vous voulez faire du trading en chiffres, sachez que le prix auquel votre ordre peut être exécuté peut être très différent de ce que vous aviez en tête. Pour ceux qui font du trading avec des fournisseurs qui garantissent les prix, je parie que 9,99 sur 10 ont une clause en petits caractères qui stipule que la garantie n'est valable que dans des conditions de marché normales. Cela signifie qu'en chiffres, le prix que vous voyez peut ne pas être celui que vous obtiendrez.

## Sélection des paires de devises

En FX, sélectionnez quelques paires et apprenez à les connaître comme un ami proche. Beaucoup de gens commencent le trading des devises en tradant les "majors", EURUSD, GBPUSD, USDCAD, USDJPY, ou AUDUSD par exemple. Parmi les majors, apprenez à en connaître quelques-uns, qu'il s'agisse de l'EURSEK/Euro suédois, pour ceux du marché scandinave, ou de l'EURJPY pour ceux du reste de l'Europe.

Personnellement, je n'en trade que trois ou quatre la plupart du temps. Après un certain temps, lorsque vous commencerez à trader ces paires de devises, elles vous deviendront familières et vous aurez un sens plus profond de leur évolution.

## Autres tactiques

Dans les CFD ou les actions, les mises à niveau des entreprises, les avertissements sur les bénéfices sont de bonnes opportunités, ce qui signifie que les prix ont tendance à aller dans la direction de l'annonce. Ainsi, s'ils annoncent une revalorisation, il y a de fortes chances que les prix montent. De l'autre côté, du moins statistiquement, lorsque les entreprises annoncent des avertissements sur résultats, les prix ont tendance à baisser. Cependant, il arrive souvent qu'à la fin du trimestre, ces mêmes entreprises dépassent les estimations inférieures qu'elles avaient annoncées, ce qui entraîne une hausse des actions. Ainsi, pour les plus audacieux, vous pouvez acheter après la baisse initiale du prix de l'annonce. Cela pourrait être votre ticket de loterie.

## Placer les commandes stratégiquement

Vous voulez être le premier en ligne lorsque vos ordres sont exécutés, et placer des ordres limites avant la résistance est efficace car les niveaux de résistance sont déjà connus de tous. Vous voulez être rempli juste avant que la résistance ne soit atteinte si vous êtes un trader technique et au niveau du support, vous voulez être un peu au-dessus ou un peu en dessous du niveau de support si vous êtes long, juste pour vous assurer que ce n'était pas une fausse rupture à la baisse.

## Utilisez les principes de Delta

Le trading delta ou les principes du trading delta existent depuis de nombreuses années. Il a commencé avec un groupe de personnes sélectionnées, appelé la Delta Society. Ils ont payé beaucoup d'argent pour rejoindre et apprendre les principes, qui avaient été couverts de mystère et de mystique.

Les grands principes sont les suivants : lorsqu'on fait du trading (et non de l'investissement), on voit le marché presque avec les yeux d'un enfant. Les actions qui montent vont continuer à monter, donc vous les achetez, et celles qui baissent vont continuer à le faire. Rien n'est suracheté ou survendu, vous suivez simplement le marché.

Certains outils sont nécessaires à l'exécution de cette stratégie. Tout d'abord, vous devez trader des actions actives ; celles qui se négocient de façon latérale ne sont pas applicables à la stratégie. Vous devez également utiliser un filtre d'actions qui est un excellent outil, et la plupart sont gratuits.

Les filtres vous aident à localiser efficacement les actions qui montent et celles qui descendent. Ce que j'ai vu qui fonctionne le mieux lors de l'utilisation de filtres est de trouver les gagnants à travers les différents cadres temporels.

Un exemple serait de filtrer d'abord les gagnants à trois mois. Puis de filtrer plus profondément pour trouver les gagnants à un mois, et enfin de regarder les gagnants à une semaine. Ce processus de filtrage vous permet de voir quelles actions sont constamment gagnantes dans les différentes périodes. Ce sont les actions que les gens veulent. Avec ces données, vous disposez d'une meilleure base pour sélectionner les actions à acheter pour votre portefeuille de trading.

Il s'agit d'une technique de trading et non d'investissement, car les gagnants d'une semaine ou d'un mois ne sont peut-être pas les actions que vous voulez pour votre portefeuille d'investissement à long terme. En utilisant simplement les principes de filtrage des gagnants de 3, 1 mois ou 1 semaine, vous avez une longueur d'avance sur beaucoup d'autres. En fonction de l'agressivité de votre style de trading, vous pouvez modifier les périodes de temps à votre goût. C'est une technique que j'ai utilisée avec de bons résultats.

Pour conclure, les traders qui réussissent le mieux utilisent un système. Ils ont une entrée, une sortie, une taille de position et une échelle d'entrée/sortie définies. Comme nous l'avons dit au début, vous devez avoir un plan, c'est ce qui sépare les professionnels des joueurs.

# SÉLECTION D'UN PARTENAIRE DE TRADING

Nous allons passer en revue les aspects importants de la sélection d'un partenaire de trading.

## Qu'est-ce qui est important ?

### Liquidité

La liquidité à tout moment, surtout en période de volatilité. Comme nous l'avons évoqué dans les sections précédentes, elle est si importante que nous la mentionnons à nouveau. Votre partenaire de trading doit être en mesure de vous la fournir.

Elle est importante pour les instruments que vous tradez, qu'il s'agisse de devises ou d'actions. Les opérations de change croisées sont liquides, mais vous devez également être avec un partenaire qui a accès à cette liquidité, sinon vous pourriez vous retrouver dans une situation de mauvaise blague où vous avez un bénéfice mais ne pouvez pas l'encaisser.

### Exécution rapide

Une exécution rapide, de sorte que lorsque vous cliquez, vous obtenez le prix indiqué. La liquidité est un facteur clé de la vitesse d'exécution.

### Digne de confiance

Comme pour tout type de relation, vous voulez être avec un partenaire commercial qui a une bonne réputation, qui est connu pour être digne de confiance et qui a une base financière solide. Vous ne voulez pas faire du trading avec quelqu'un qui risque de s'effondrer. Il est recommandé d'obtenir une recommandation d'un ami de confiance.

## Une plateforme fiable

Votre plateforme doit être fiable. Il n'est pas optimal d'avoir une plateforme qui est souvent en panne lorsque vous êtes prêt à trader ou qui présente de nombreux problèmes techniques.

Lorsque vous tradez dans des conditions de marché normales et si vous obtenez fréquemment des prix re-cotés, c'est un signal d'alarme.

## Accès aux informations et aux données du marché

Votre plateforme ou votre partenaire de trading doit avoir accès aux informations ou à ce que l'on appelle parfois les informations en continu des différentes agences de presse, par exemple Reuters, Bloomberg. Vous devez également avoir accès à leur bureau de tenue de marché. S'il n'en a pas, il doit être en mesure de vous fournir des données sur les flux du marché, par exemple si les traders sont actuellement longs sur l'EURUSD ou s'il semble y avoir un mouvement vers l'USDJPY. Ces informations sont importantes, en particulier pour le trading du Forex.

## La meilleure équipe stratégique de sa catégorie

Aucune équipe de stratégie n'est parfaite, mais vous en voulez une qui soit fiable et en qui vous avez confiance pour vous fournir une analyse impartiale du marché. Comme pour les autres sujets, vous pouvez discuter avec vos amis pour obtenir leur avis sur les recommandations des équipes stratégiques avec lesquelles ils travaillent.

**Un système graphique fiable**

On dit que les graphiques ne sont qu'indicatifs, ils ne sont pas le marché, mais vous voulez des graphiques qui donnent une bonne idée de la situation du marché. Autre facteur, selon le système graphique, le graphique ne reflétera que l'offre (prix de vente).

Au cours de mes années de travail dans une salle des marchés, j'ai eu de nombreuses discussions avec des clients après un "bad fill" (en jargon de trading, votre transaction a été exécutée à un prix inférieur à celui que vous aviez prévu). Dans ces disputes, les clients regardaient le graphique et disaient "mais le graphique dit ceci, et c'est ce que je veux obtenir", point très important, le graphique est indicatif, le graphique n'est pas le marché.

Tous les courtiers avec lesquels vous traitez, vous voulez qu'ils fassent du trading en fonction du marché et non du graphique. Le meilleur conseil que l'on puisse donner à un courtier professionnel ou à un courtier institutionnel lorsqu'il s'agit d'un litige commercial est de discuter du prix du marché et de ne pas s'en tenir à ce que dit le graphique. S'il s'agit d'un professionnel, la première chose qu'il vous dira sera le cours du marché et non celui du graphique, car les gens font du trading sur les marchés et non sur les graphiques.

## Comment trouver les bons ?

Parlez-en à vos amis qui font du trading et bien sûr, vous pouvez me contacter.

## Code de trading des nouvelles du Forex

1-Ordres uniquement - uniquement sur le marché lorsqu'il y a un mouvement notable. Cela me permet d'éviter les marchés non-tendus (perdant de l'argent, seul le courtier gagne de l'argent ici).

2-Avoir des ordres d'entrée stop d'achat ou de vente 10-20 pips au-dessus de l'endroit où nous sommes en train de trader signifie que je n'entre pas sur le marché à moins qu'il n'y ait un mouvement réel (j'évite ainsi les fausses ruptures et les faux marchés). Oui, je suis conscient que je vais manquer une partie du mouvement initial du marché, mais cela est compensé par le fait que je ne me fais pas avoir par les faux breakouts.

3- Je ne trade pas aussi souvent que d'autres mais quand je le fais, il y a du mouvement. Les pertes sont fixées par un arrêt des pertes (avant le trading).

4-L'arrêt des pertes le plus important est fixé à 12-15 pips maximum. Voir le point ci-dessous.

Le trading est une **activité commerciale = gestion de l'argent**, pas un jeu stupide où il s'agit de savoir si vous avez "raison ou tort", mais seulement de gagner ou de perdre de l'argent.

# GUIDE DU TRADING DE L'ANALYSE TECHNIQUE

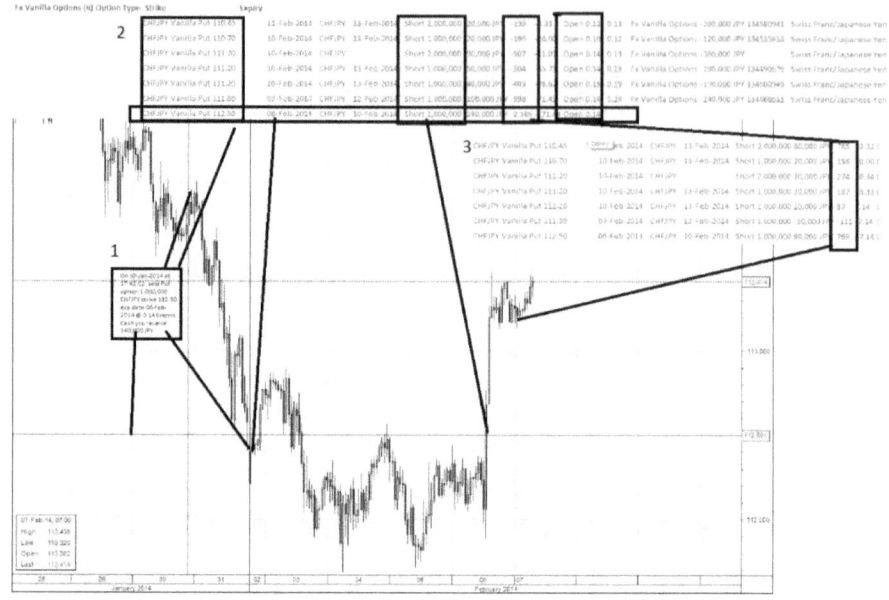

## Graphique Time Frame

Le cadre temporel, le facteur le plus critique d'une décision de trading. La décision d'acheter ou de vendre commence toujours par le cadre temporel. Un signal d'achat ou de vente pour un day trader est différent de celui d'un swing trader et, dans la plupart des cas, extrêmement différent de celui d'un trader/investisseur à long terme. Les exemples que nous allons utiliser sont basés sur des périodes de trading à court terme/jour.

**Day trading** – Clôture des positions dans les 24 heures.

**Swing trading** – Maintenir des positions ouvertes de quelques heures à quelques jours maximum.

Pour les traders à court terme, un graphique d'une heure permet d'obtenir une vue d'ensemble du marché, puis de prendre la décision de trader à partir d'un graphique de 30 ou 15 minutes. Plus votre horizon de trading est court, plus l'échelle de temps de votre graphique est courte.

Pour utiliser les paramètres ci-dessus, il est recommandé de créer des graphiques de différents horizons temporels et de les laisser ouverts sur votre plateforme de trading. Cela rendra le trading plus efficace.

## Cadre temporel et votre position dans le canal d'achat et de vente

Une fois le cadre temporel défini, vous devez déterminer votre position dans le canal de trading (le canal de trading est la zone située entre les bandes hautes et basses des bandes de Bollinger). Si vous êtes près du haut du canal, cela indique que vous êtes proche d'un niveau de retournement potentiel (où le marché se retourne)... par exemple, s'il se dirigeait vers le haut, il se dirige soudainement vers le bas. Si vous êtes au bas du canal et que le marché remonte, c'est également un niveau de retournement.

## Que faire aux niveaux de retournement

C'est ici que le trading devient un peu plus délicat. Ce n'est pas parce que nous nous trouvons à un niveau de retournement ou près de celui-ci que cela garantit un retournement. Nous pourrions aussi avoir un breakout (le marché passant au-dessus ou au-dessous de niveaux de résistance ou de soutien connus). Un conseil pour savoir ce qu'il faut faire ensuite, est de simplement examiner le graphique des mouvements passés du marché (à la hausse ou à la baisse) au niveau de prix que vous recherchez pour voir ce qui s'est passé sur le marché la dernière fois. Ceci est important car la "personne" centrale ici est le marché, pas vous.

Par exemple, si le marché est allé vers le bas, il y a de fortes chances qu'il le fasse à nouveau. Cependant, ce n'est PAS une garantie, et vous devez également être conscient des données fondamentales (rapport d'actualité, données économiques), car elles peuvent tout bouleverser par rapport au résultat de la dernière fois.

Si vous n'avez pas encore ouvert de position et que le marché se trouve à un niveau de retournement potentiel, une façon du trading est de placer un ordre d'achat au-dessus du niveau de retournement. Par conséquent, si le marché fait un breakout, vous êtes dedans. L'ordre d'achat fait également partie de votre gestion du risque car il n'y a de l'argent sur la table que s'il est exécuté et devient un trade.

Après avoir déterminé où vous vous trouvez dans le canal d'achat/de vente, vous devez maintenant prêter attention au RSI et à ce qu'il vous dit. Vous devez avoir une correspondance entre cela et l'exécution de votre trade. Ainsi, si le RSI est à des niveaux de sur achat et que vous êtes proche des niveaux de renversement sur les bandes de Bollinger, c'est le signe d'une bonne opportunité de vente potentielle.

## Signaux d'achat idéaux

Idéalement, lors d'un signal d'achat, vous souhaitez que votre RSI se dirige vers le haut à partir ou à proximité des niveaux 30-40, ce qui laisse une bonne marge de manœuvre/opportunité de se diriger vers le haut. Dans le même temps, vous souhaitez également que le marché soit situé/trader près du bas du canal dans les bandes de Bollinger.

Enfin, si vous utilisez des graphiques en bâton de bougie, vous voudrez qu'ils soient verts (fermeture des prix à la hausse). Comme vous pouvez le constater, nous avons besoin de voir les mêmes données (en haut) à partir de nos outils. L'observation de bâtons de bougie rouges (les prix clôturant à la baisse) et de niveaux RSI surachetés (achats excessifs) constitue un signal contradictoire. Cela vous indique de "rester à l'écart"... ne pas trader jusqu'à ce que les choses soient plus claires.

## Signaux de vente idéaux

Un signal de vente idéal est simplement le contraire de ce qui précède. En d'autres termes, votre RSI se dirigera vers le bas à partir des niveaux 70-80. Dans le même temps, vous souhaitez également que le marché soit situé/trader près du haut du canal dans les bandes de Bollinger. Enfin, si vous utilisez des graphiques en bâtons de bougie, vous voudrez qu'ils soient rouges (fermeture des prix à la baisse).

## Conclusion

L'idéal est d'exécuter un trading lorsque les choses sont aussi proches de l'idéal que possible. Lorsque vous êtes confronté à des zones grises/indécises, nous vous suggérons d'utiliser des ordres d'achat ou de vente. Les ordres ne sont PAS des trades, donc aucun argent n'est risqué tant qu'ils ne sont pas exécutés. Ces ordres seront placés près des niveaux idéaux à partir desquels vous cherchez à trader.

Comme nous l'avons souligné à plusieurs reprises, scénario de trading idéal ou non, vous devez toujours placer un ordre stop. Malheureusement, même la meilleure recherche au monde ne garantit pas un trading rentable.

## Paramètres des outils d'analyse technique

### RSI

Un RSI, la valeur par défaut de 14, convient à la plupart des opérations de trading sur devises, CFD et actions. Cependant, pour le trading à court terme, le day trading ou le swing trading, 14 n'est pas optimal. Nous suggérons 7 pour le swing trading et jusqu'à 4 pour le day trading.

### Bandes de Bollinger

Les paramètres par défaut de semblent fonctionner au mieux pour la plupart des traders et nous vous suggérons de conserver ce paramètre.

### Moyennes mobiles

Nous utilisons 50, 100, 200. Le 50 est le signal d'alerte, le 100 le court terme et le 200 le long terme.

# DIPLÔME DE TRADING GCMS

## Les bases d'un système de trading

-Cadre temporel

-Outils permettant d'identifier une tendance

-Outils qui aident à confirmer/filtrer la tendance.

-Déterminez votre tolérance au risque (taille de la position).

-Sélectionnez les niveaux d'entrée et de sortie

-Suivez vos règles

Note:

Faire ses devoirs ne garantit pas que votre trading sera rentable, mais cela augmente vos chances.

Si les données techniques ou fondamentales ne sont pas claires ou sont "désordonnées", vous avez le droit de ne pas effectuer de trading.

# PROFIL DE L'AUTEUR

Wayne Walker est le directeur d'une société de formation et de conseil sur les marchés financiers mondiaux (gcmsonline.info). Il a plusieurs années d'expérience dans la direction et l'encadrement d'équipes de conseillers en placement et a géré les équipes les plus performantes du groupe des clients privés sur la base des Bench Mark Earnings (BME). M. Walker a formé les traders du programme Citi-FX Pro à Londres. Il a également développé le programme "Trading Rights" chez Saxo Bank, que les conseillers en investissement devaient suivre avant d'être autorisés à trader. Il est un trader certifié par la directive européenne sur les marchés d'instruments financiers (MiFID) et est qualifié pour conseiller les clients "A".

M. Walker est fréquemment invité à commenter les marchés financiers dans le cadre de plusieurs émissions de radio et de télévision internationales en direct.

M. Walker détient plusieurs certifications et a occupé les postes suivants :

- Directeur-fondateur, (GCMS) Global Capital Market Solutions, Danemark
- Directeur, Ventes Trading, Amérique du Nord et Moyen-Orient, Saxo Bank, Danemark
- B.sc Université d'État de New York, College at Buffalo, États-Unis
- NASD Series 3 - Licence pour le trading et le conseil en matière de contrats à terme sur le marché américain.
- ACI(Financial Markets) Dealing Certificate - Réussi avec distinction (niveau le plus élevé), France
- Formation au logiciel de cotation des options FX de Bloomberg et de la banque UBS.

www.ingramcontent.com/pod-product-compliance
Lightning Source LLC
Chambersburg PA
CBHW070500220526
45466CB00004B/1902